Christian Ermert

Data Warehouse gestützte Balaced Scorecard

Christian Ermert

Data Warehouse gestützte Balaced Scorecard

GRIN Verlag

Bibliografische Information der Deutschen Nationalbibliothek: Die Deutsche Bibliothek
verzeichnet diese Publikation in der Deutschen Nationalbibliografie; detaillierte bibliografische Daten sind im Internet über http://dnb.d-nb.de/ abrufbar.

1. Auflage 2006
Copyright © 2006 GRIN Verlag
http://www.grin.com/
Druck und Bindung: Books on Demand GmbH, Norderstedt Germany
ISBN 978-3-640-95344-8

Universität Siegen

Fachbereich 5 Wirtschaftswissenschaften

Seminar zu Data Warehouse

SoSe 2006

Data Warehouse gestützte Balanced Scorecard

Ausarbeitung:	Christian Ermert
Fachbereich:	5
Studiengang:	Betriebswirtschaftslehre D1
Fachsemester:	5
Abgabetermin:	03.05.06

Inhaltsverzeichnis

Abkürzungsverzeichnis

BIS	Business Intelligence Software
BSC	Balanced Scorecard
DSS	Decision Support Systeme
DWH	Data Warehouse
EFQM	European Foundation for Quality Management
EIS	Executive Information Systeme
ERP	Enterprise Resource Planning-Systeme
MIS	Management Information Systeme

1. Einführung

Seit der Veröffentlichung des ersten Artikels in der Harvard Business Review 1992 hat die BSC eine breite Diskussion in Theorie und Praxis ausgelöst. Inzwischen haben viele Unternehmen auf der ganzen Welt dieses Managementinstrument implementiert.

Schon seit langem werden Kennzahlensysteme in der unternehmerischen Praxis eingesetzt, jedoch eignen sie sich nur bedingt für die strategische Unternehmensführung. In der Regel werden nämlich nur Messgrößen betrachtet, die sich auf schon vergangene Vorgänge beziehen. Diese geben zwar Auskunft über den aktuellen Stand des Unternehmens, stehen aber in keinem strategischen Kontext und geben keinen Aufschluss über mögliche Wege zur Verbesserung der einzelnen Kennzahlen. [Hype06]

Trotzdem verlassen sich noch heute viele Unternehmen auf diese einseitigen Kennzahlensysteme. Unberücksichtigt bleiben dabei die Größen, die den zukünftigen Erfolg des Unternehmens beeinflussen, wie z.B. Mitarbeiterqualifikationen oder Innovationen. Könnte man diese Größen heute messen, wäre es möglich, Missstände schon bei ihrer Entstehung zu erkennen und unmittelbar zu reagieren. An dieser Stelle setzt die Balanced Scorecard (BSC) an, die es ermöglicht, finanzielle Kennzahlen gleichwertig mit den sog. Leistungstreibern zu berücksichtigen. [Delp06]

Noch vor wenigen Jahren gab es nur vereinzelte Ansätze zur Unterstützung der BSC durch Software. Mittlerweile hat sich ein breiter und sehr unübersichtlicher Markt an verschiedensten Programmen gebildet und es gibt meist gravierende Abweichungen bei den Funktionalitäten der verschiedenen Software-Lösungen. [EnOt03]

Neben spezieller BSC-Software gibt es auch Ansätze, diese in bestehende unternehmensweite Systeme einzubinden, welche meist auf ein Data Warehouse (DWH) als Datenbasis zugreifen. [Hild01]

Inhalt dieser Seminararbeit ist eine solche sog. Data Warehouse gestützte Balanced Scorecard. Es soll neben dem grundsätzlichen Aufbau der BSC auch erarbeitet werden, ob sie sich als Instrument der zukunftsorientierten Unternehmensführung eignet. Besonderer Augenmerk wird dabei auf die Implementierung der BSC-Lösung in bestehende DWH-Datenbanken gelegt, wobei zu prüfen ist, ob ein solcher Ansatz für das Unternehmen von Vorteil ist.

2. Balanced Scorecard

Die BSC ist ein modernes Konzept zur Umsetzung der Unternehmensstrategien in operative Steuerungsgrößen. Darin enthalten sind sowohl finanzielle Kennzahlen, die zurückliegende Aktivitäten beschreiben als auch nicht monetäre Zielgrößen, welche die Fähigkeit des Unternehmens beschreiben, zukünftige Anforderungen zu erfüllen.

Die finanziellen Kennzahlen und Steuerungsgrößen werden mit kundenspezifischen Zielen und internen Prozessen verbunden. Des Weiteren wird ein Zusammenhang zu dem Lernprozess des Unternehmens gezogen. [Basch01]

2.1 Entstehung, Grundidee & Konzeption

Das Konzept der Balanced Scorecard basiert auf einer Studie der Harvard Universität von Robert Kaplan und David Norton aus dem Jahr 1992. [KaNo92]

Ausgehend von einem bestimmten Oberziel, welches aus der Unternehmensvision abgeleitet wurde, wird eine bestimmte Strategie entwickelt, um es zu erreichen. Die Strategie wird ihrerseits wieder in Unterziele aufgegliedert und anhand kritischer Erfolgsfaktoren (KEF) beschrieben. Die Messgrößen werden dann so mit der Strategie verknüpft, dass sie das Erreichen der strategischen Ziele repräsentieren. Daher ist die BSC ein Führungsinstrument, welches bei der Ausrichtung des Unternehmens auf strategische Ziele behilflich ist und diese messbar macht. [KaNo97]

Kaplan und Norton wollten mit der BSC nicht ein reines Kennzahlensystem schaffen, sondern ein Führungsinstrument, welches in der Lage war, die strategischen Ziele in das Alltagsgeschäft der Mitarbeiter zu übersetzen. Grundlage für den erfolgreichen Einsatz ist jedoch, dass jeder im Unternehmen zur Erreichung der Ziele beiträgt. [Frie05]

2.2 Die vier Perspektiven der BSC

In der Regel wird die BSC aus 4 Perspektiven zusammengesetzt, aus deren Blickwinkeln die Aktivitäten des Unternehmens bewertet werden können. Zusammen sollen sie ein in sich ausgewogenes Kennzahlensystem bilden, welches vorlaufende Indikatoren integriert. Hauptsächlich dienen sie dazu, kein relevantes Potenzial im Unternehmen zu vergessen. Da jede Organisation spezifische Eigenschaften und spezielle Potenziale hat, ist es jederzeit möglich, zusätzliche Perspektiven aufzutun und in die BSC einfließen zu lassen. [FrSc01]

Die Perspektiven sind um die aus der Vision abgeleitete Strategie angeordnet. Sie decken die finanzwirtschaftliche Perspektive, die Kundenperspektive, die interne Prozessperspektive und die Lern- und Entwicklungsperspektive ab. Um die Zusammenhänge zwischen den Zielen deutlich werden zu lassen, werden die Kennzahlen durch Ursache-Wirkungs-Ketten miteinander verknüpft. [Jahn03]

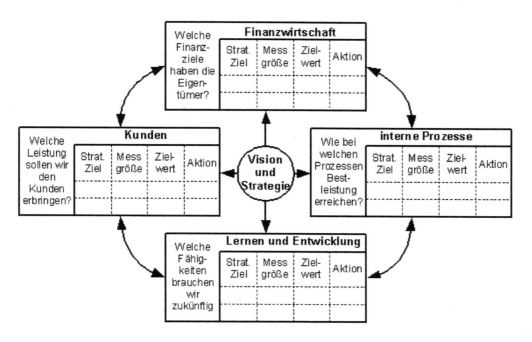

Abbildung 1: Die vier Perspektiven der Balanced Scorecard

Finanzwirtschaftliche Perspektive

Die finanziellen Kennzahlen sollen offen legen, ob die Strategie eines Unternehmens zu einer Verbesserung des Ergebnisses führt. Typische Kennzahlen beziehen sich dabei auf die Rentabilität, das Wachstum und den Unternehmenswert. [Stei01]

Kundenperspektive

Es wird der Blickwinkel des Kunden eingenommen und ermittelt, wie das Unternehmen aus Sicht der Kunden eingeschätzt wird. Die verwendeten Kennzahlen beziehen sich auf Kategorien wie Zeit, Qualität, Produktleistung, Service sowie den Preis. [Stei01]

Interne Prozessperspektive

Diese Kennzahlen informieren über die betriebsinternen Prozesse, die wesentlichen Einfluss auf die Kundenzufriedenheit haben. Sie geben somit darüber Auskunft, was getan werden muss, um die Kundenerwartungen zu erfüllen. Wesentliche Faktoren dabei sind z.B. Zykluszeiten, Qualität, Fertigungszeiten oder die Produktivität. [Stei01]

Lern- & Entwicklungsperspektive

Diese Perspektive informiert über die Fähigkeit des Unternehmens, sich zu verbessern und Innovationen einzuführen. Typische Kennzahlen hierbei sind das Durchschnittsalter der Produkte, der Umsatzanteil der Neuprodukte oder die Verringerung der Lieferzeiten. Hier wird aber auch auf das Personal, seine Fähig- und Fertigkeiten, seine Verfügbarkeit als auch auf die Mitarbeiterzufriedenheit eingegangen. [Stei01]

2.3 Zukunftsorientierte Unternehmensführung

Wer nicht weiß wo er hin will, braucht sich nicht zu wundern, wenn er woanders ankommt!
Mark Twain

Oftmals ist der Unterschied zwischen dem, was mit dem Unternehmen erreicht werden soll und dem alltäglichen Geschäft sehr groß. Eine Unternehmung agiert in der Realität oftmals ganz anders als sich die Unternehmensführung das vorstellt. Durch die außergewöhnliche Dynamik der wirtschaftlichen, politischen und technologischen Umwelt des Unternehmens ist es notwendig geworden, die Unternehmenssteuerung zukunftsorientiert durchzuführen. Dazu ist vor allen Dingen ein strategisches Handeln erforderlich. Die Unternehmensführung sollte in der Lage sein, zukünftige Entwicklungen von Marktsituation, Kunden und Wettbewerb richtig einzuschätzen und daraus geeignete Unternehmensstrategien zu entwickeln. [Basch01]

Zur Darstellung und Steuerung dieser komplexen Vorgänge sind die traditionellen finanziellen Kennzahlen wie Umsatz, Kosten, EBIT etc. nicht mehr ausreichend. Ihr Vergangenheitsbezug auf die vergangene Periode sagt über die Ursachen für die Entwicklung dieser Zahlen relativ wenig aus. Man kann nicht wissen, an welcher Schraube man drehen muss, um diese Kennzahlen für die Zukunft positiv zu beeinflussen. An dieser Stelle greift das BSC-Konzept, welches durch seine unterschiedlichen Perspektiven Frühindikatoren aufzeigt, die ganz spezifische Stärken beschreiben. Zu den Kennzahlen gehören z.B. das intellektuelle Kapital, Mitarbeiterqualifikation, Qualität und Kernkompetenzen. Durch die BSC haben die Mitarbeiter immer die Ziele vor Augen und können mit Hilfe der Messgrößen den Zielerreichungsgrad erkennen. [Well06]

2.4 Bewertung der BSC

Vorteile

Vorteilhaft an der BSC ist, dass sie durch ihren integrativen Charakter in der Lage ist, die Strategie in klar formulierte, mess- und kontrollierbare Kennzahlen abzuleiten und diese gleichwertig mit finanziellen Kennzahlen einzubeziehen. Diese dienen der Unternehmensführung wie auch den Mitarbeitern als Anhaltspunkt für den derzeitigen Stand und gleichzeitig als Wegweiser für zukünftige operative Handlungen. [Stei01]

Die BSC deckt die wesentlichen Kausalketten zwischen den unterschiedlichen Kennzahlen auf und reduziert so die Komplexität vieler Vorgänge. Diese können anhand der BSC leicht überwacht und gesteuert werden. Auch auf die Motivation der Mitarbeiter hat die BSC im Normalfall positive Auswirkung, da jeder durch seine Tätigkeit einen messbaren Anteil zur Durchsetzung der Gesamtstrategie beiträgt.

Nachteile

Um die Ursache-Wirkungs-Ketten zwischen den einzelnen strategischen Zielen aufzustellen, ist es häufig notwendig intuitive Annahmen zu treffen. Nachteilig zu betrachten sind die häufig intuitiv getroffenen Annahmen, die vorgenommen werden müssen, um die Ursache-Wirkungsketten zwischen den einzelnen strategischen Zielen zu bilden. Anders als die mathematischen Verknüpfungen in traditionellen Kennzahlensystemen sind die hier verwendeten Ketten durch die vielen Interdependenzen zwischen den Leistungsebenen empirisch oft nicht oder nur schwer nachweisbar. [Reic01]

Um mutwillige Manipulationen oder zu einseitige Optimierung der Kennzahlen zu vermeiden, muss darauf geachtet werden, dass keine zu starke Bindung zu den Kennzahlen entsteht. Problematisch ist dies z.B. wenn die Vergütung der Mitarbeiter an die Erfüllung von Messgrößen gebunden ist. Hier muss das Prinzip der Ausgewogenheit greifen, um das Gleichgewicht zwischen den einzelnen Zielen zu bewahren. Nur so kann man Fehlsteuerungen vermeiden.[Jans06]

Häufig werden auch die hohen Kosten, die durch die Einführung der BSC entstehen, kritisiert.

3. Grundlagen der BSC-Software

Der Markt für BSC-Software ist mittlerweile breit gefächert. Einige Systeme arbeiten in Verbindung mit Management-Unterstützungssystemen wie z.B. Executive Information Systeme (EIS), andere gibt es als ein Zusatzmodul für Enterprise Resource Planning-Systeme (ERP). Natürlich gibt es auch Stand-Alone-Lösungen, die entweder als spezielle BSC-Software aufgemacht sind oder mit Hilfe einer Tabellenkalkulation entworfen wurden. [Hild01]

Abbildung 2 zeigt eine Übersicht der verschiedenen Realisierungsvarianten und der dafür notwendigen Datenquellen und – modellierungen anhand des Schemas der Unternehmenssoftware. Eine klare Abgrenzung der einzelnen Varianten ist jedoch nicht vollständig möglich. [Less03]

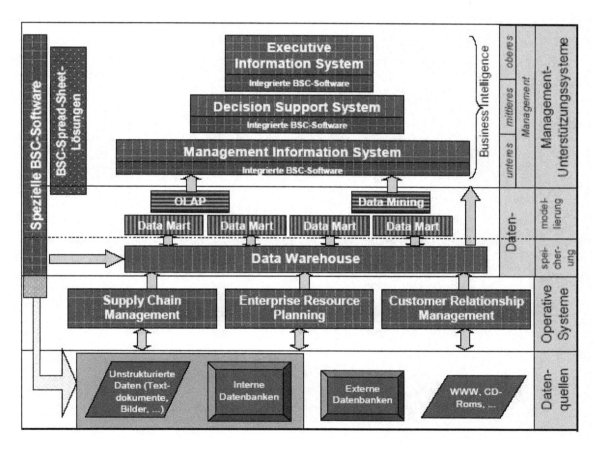

Abbildung 2: Kategorisierung der Unternehmens-Software

3.1 Business Intelligence Software

Zur Gruppe der BIS gehören

Management Information Systeme (MIS)

Decision Support Systeme (DSS)

Executive Information Systeme (EIS)

3.1.1 Management Information Systeme

Die grundlegende Aufgabe des MIS ist die Abbildung des Unternehmens in seiner Gesamtheit. Es stellt dem Benutzer Daten zur Verfügung, die er bei der Entscheidungsfindung und Planung benötigt. Schwach verdichtete interne Daten und Kennzahlen werden zu Anwendergruppen-spezifischen Berichten zusammengefasst (z.B. für Einkauf, Unternehmensführung etc.). Hauptsächlich geht es dabei um die Wiedergabe des aktuellen Ist-Zustandes. [BeBe01]

Grundsätzlich bietet das MIS wegen seiner breiten Anlage eine gute Basis für die Integration eines BSC-Systemes. Jedoch sind die Auswertungsmöglichkeiten meist begrenzt und müssten erweitert werden, um die für die BSC geforderten Funktionen vollständig abbilden zu können. Da heutige moderne MIS ihre Daten meist aus einem Data Warehouse beziehen, ist diese Integration relativ leicht umsetzbar. [UhrW94]

3.1.2 Decision Support Systeme

Die sog. Entscheidungsunterstützungssysteme bieten spezielle Analysefunktionen zur operativen und strategischen Unterstützung des Management mit Hilfe der IT. Hauptaufgabe der DSS ist die Bereitstellung von Modellen und Methoden, die unter Berücksichtigung problembezogener Daten den Entscheidungsprozess unterstützen. Die Software ermöglicht es dem Anwender anhand von Kennzahlen aktuelle Informationen zu einem aktuellen Entscheidungsproblem abzurufen. So kann er sich jederzeit über die Stärken bzw. Grenzen des Unternehmens informieren. DSS sind i.d.R. mit weit leistungsfähigeren Analysewerkzeugen ausgestattet als MIS, so dass eine Integration der BSC an dieser Stelle besonders zu empfehlen ist. [MiPa99]

3.1.3 Executive Information Systeme

Im Unterschied zu den DSS sind die EIS sehr einfach zu bedienende grafisch orientierte Berichtssysteme mit hochverdichteten internen und externen Daten. Es dient dem Management zur Informationsversorgung und aktuelle Daten können quasi auf Knopfdruck abgefragt werden. Im Vordergrund stehen Visualisierungen und Berichte, die den Führungskräften auf

einen Blick Aufschluss über die entscheidungsrelevanten Kennzahlen geben, wobei das gesamte System sehr benutzerfreundlich und intuitiv gehalten wird. Eine der typischen Darstellungen ist die sog. Ampel, die durch farblich eventuelle Abweichungen von den Sollwerten direkt aufzeigt. Integriert man eine BSC-Lösung in ein solches System, liegen die besonderen Stärken in der Darstellung der einzelnen Perspektiven und Kennzahlen. Jedoch ist eine solche Anwendung nicht besonders gut für einen unternehmensweiten Einsatz geeignet. Um allen Mitarbeitern die Möglichkeit zu geben, auf die BSC zuzugreifen und mit ihr zu arbeiten, sind z.B. eine ausgereifte Zugriffsteuerung und die Vergabe von Benutzerrechten wichtige Kernpunkte. [MüSc99]

3.2 Anforderungen an BSC-Software

Bestimmte Anforderungen an die Software sind so stark von den einzelnen Benutzern abhängig, so dass häufig innerhalb der Software diese als Ausschluss – Kriterien zu definieren sind. Eine Basisanforderung ist auf jeden Fall die Zertifizierung durch das BSC Collaborative. Die von Norton und Kaplan gegründete Gesellschaft hat die Weiterentwicklung der BSC zur Aufgabe und vergibt Zertifizierungen für BSC-Softwareprodukte. Eine bestandene Prüfung zeigt, dass gewisse Mindestanforderungen erfüllt sind, die von der Gesellschaft aufgestellt wurden. Dazu gehört z.B. die Möglichkeit unterschiedliche Perspektiven grafisch darzustellen. [Cogn06]

Funktionale Anforderungen

Die funktionalen Anforderungen an BSC-Software sind höher als bei herkömmlicher Software. Der entscheidende Unterschied ist, dass die Programme nicht nur Kennzahlenwerte ermitteln und bereitstellen müssen, sondern BSC-typische Funktionen unterstützen und aufweisen sollten. Damit ist die Forderung an die Programme verbunden, dass sie in der Lage sind, die logischen Absichten und Zielsetzungen darstellen zu können. [KlDö98]

Um eine hohe Benutzerfreundlichkeit zu erreichen, muss die Navigation einfach und übersichtlich sein. So erleichtert man den Anwendern den Einarbeitungsprozess und fördert die Akzeptanz und intensive Nutzung des Programms. [BlPi03]

Durch den konsequenten Einsatz der Web-Technologie kann man die Multi-User-Fähigkeit gewährleisten. Es sollte jedoch möglich sein, die Zugriffsrechte für Anwender zu definieren. Wichtig ist zudem, die Möglichkeit Expertenwissen einfließen zu lassen, indem alle Werte von bestimmten Benutzern manuell überschrieben werden können. [Qexc06]

Eine grundlegende Analysefunktion ist die Fähigkeit des Drill-Down. Mit wenigen Bedie-
nungsschritten sollte es dem Benutzer möglich sein, detaillierte Daten zu einem bestimmten
Sachverhalt zu erhalten. Damit dämmt man die Informationsflut insofern ein, dass der Benutzer individuell entscheiden kann, wie genau er die einzelnen Bereiche analysieren will.
[KaNo97]

Um die interaktive Anwendung der BSC zu fördern, ist es notwendig, dass Texteingaben in
Form von Kommentaren vorgenommen werden können. Somit wird dem Benutzer eine
Funktionalität an die Hand gegeben, mit der es ihm möglich ist, Notizen oder Fragen an bestimmte Informationen anzuhängen. Er hat also die Möglichkeit, Diskussionen anzustoßen
bzw. voranzutreiben und/oder zusätzliche Informationen in das erweiterte Kennzahlensystem
zu integrieren – ein wichtiger Schritt um die BSC als unternehmensweites Kommunikations-
system zu etablieren. [FuRo00]

4. Data Warehouse gestützte Balanced Scorecard

4.1 Data Warehouse

„A data warehouse is a subject-oriented, integrated, time-variant, nonvolatile collection of data in support of management´s decision-making process."
William H. Inmon

Das Data Warehouse, zu deutsch Datenlager, ist eine der neuesten Entwicklungen im Bereich der Integrationsstrategien für Managementinformationen. Sein Inhalt setzt sich aus den unterschiedlichsten Datenquellen zusammen. Mit seiner Hilfe wird sichergestellt, dass die Qualität, die Richtigkeit und Aktualität der Daten gegeben ist. Auch die Überwachung der Zusammensetzung des Datenmaterials ist eine zentrale Aufgabe.
Die Daten werden aus den unterschiedlichsten Quellen in das Data Warehouse geladen und dort zur Datenanalyse und Entscheidungshilfe langfristig gespeichert. Zentrale Aufgabe bei der Konzeption ist die richtige Organisation und Harmonisierung der betriebswirtschaftlichen Kenngrößen. Die für Managementinformationen geforderten Qualitäts- und Aktualitätskriterien sind bei der Konzeption und Entwicklung des Data Warehouses von zentraler Bedeutung. Nur so kann der Bedarf nach Informationen der Entscheidungsträger zufriedenstellend gedeckt werden. [MuBe00]

4.2 Bedarfsgerechte Informationsversorgung

Das mehrdimensionale Kennzahlensystem einer BSC basiert auf einer Flut von Informationen. In vielen Unternehmen sind unzählige Daten bereits vorhanden, jedoch sind sie meistens nicht oder nur unzureichend gefiltert, aufbereitet und zielgerichtet zur Verfügung gestellt. Dies führt trotz hoher Datenbestände zu einem Informationsdefizit auf Seiten der Mitarbeiter und Führungskräfte. [Stei01]

Ein Aufbau der BSC-Unterstützung auf Basis eines Data Warehouse ist dann überaus sinnvoll, wenn in diesem die meisten benötigten Daten bereits enthalten sind. Durch die Konzeption der BSC werden die sehr komplexen Gegebenheiten des Unternehmens reduziert, so dass als Ergebnis nur der jeweils gewünschte, aktuellen Stand auf einem Blick erzeugt wird. Diese stark verdichteten Daten kommen aus unterschiedlichen operativen Vorsystemen. Da sie meistens nicht sofort in der erforderlichen Zusammensetzung und gewünschten Qualität zur Verfügung stehen, sind oft weitere Funktionalitäten und Transformationen notwendig. [Lust99]

Um das Potential eines Data Warehouses vollständig auszuschöpfen, ist es notwendig Unternehmensdaten aktiv einzubringen und möglichst vielen Anwendern zur Verfügung zu stellen. Durch Einführung eines Informationssystems und die Ausrichtung auf die Bedürfnisse analytischer Fragestellungen kann die Informationsversorgung auf den verschiedenen Entscheidungsebenen verbessert werden. [Stei01]

4.3 Anbieterumgebung

Gerade auf dem Gebiet der BSC-Software geht es hauptsächlich darum, einen verlässlichen Partner zu finden, der möglichst große Erfahrungen auf diesem Gebiet gesammelt hat und durch eine Niederlassung in Deutschland seinen Service kurzfristig auch vor Ort anbieten kann. Um einen langfristigen Support zu gewährleisten, sollte man auf die Größe der Organisation wert legen. Wenn die Software für einen internationalen Einsatz ausgelegt sein soll, ist ein Anbieter mit einem eigenen globalen Vertriebsnetz zu wählen. [KiSi03]

4.4 Kosten

Üblicherweise setzen sich die Kosten für die Implementierung einer BSC-Softwareapplikation aus vier Komponenten zusammen. Dies sind die Lizenzgebühren, die Kosten für die Implementierung, Training und die jährlichen Wartungskosten. Bezüglich der Lizenzgebühren bei den einzelnen Anbietern die unterschiedlichsten Modelle. [MaNe02]

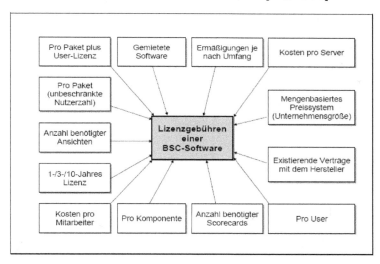

Abbildung 3: Preiskalkulation bei BSC-Software

5. Praxisbeispiel: Q-Excellence

Alle Informationen dieses Kapitels stammen von der Homepage bzw. aus dem Whitepaper der Firma net-w IT-service GmbH, Augsburg. [Qexc06]

Q-Excellence ist ein intranet-basiertes Informationssystem, das laufend verschiedenste Unternehmensdaten in selbstdefinierten Hierarchien sammelt, diese Daten mit hinterlegten Sollwerten vergleicht und die daraus gewonnenen Informationen dem Management als Kontroll- und Entscheidungsgrundlage bereitstellt.

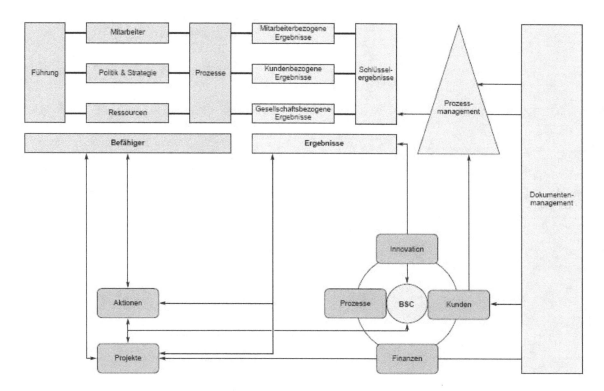

Abbildung 4: Q-Excellence: Grafische Übersicht

Alle Daten können individuell eingegeben, zugeordnet, hierarchisch aufgebaut und verglichen werden. Eine Darstellung ist auf beliebig vielen Hierarchieebenen möglich.

Q-Excellence ist eine erprobte Intranetsoftware, die sich nach längerer Pilotphase erfolgreich z.B. bei der BMW AG im internationalen Einsatz befindet.

5.1 Business Information Portal

Auf der vollständig personalisierbaren Oberfläche von Q-Excellence ist es möglich, sämtliche Inhalte aus Zielmanagement, BSC, Prozessen, Projekten und Maßnahmen nutzerbezogen innerhalb der Berechtigungsstufe zuzuordnen und abzurufen.

Aus dem Bereich der BSC sind hier die Kennzahlen mit Charts, Multicharts, Status, Zusatzinformationen und die Verbindungen zu Maßnahmen bereitgestellt.

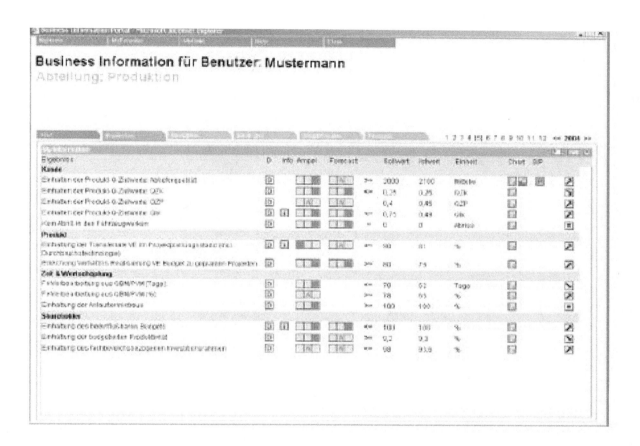

Abbildung 5: Business Information Portal

5.2 Informationsplattform

Von hier aus können alle Daten und Informationen abgerufen werden. Besonders hervorzu-
heben ist die Mehrsprachigkeit. Im Basispaket von Q-Excellence stehen Englisch und
Deutsch zur Verfügung. Ohne weiteren Programmieraufwand kann jedoch jede beliebige
Sprache mit westlichem Zeichensatz eingebunden werden.

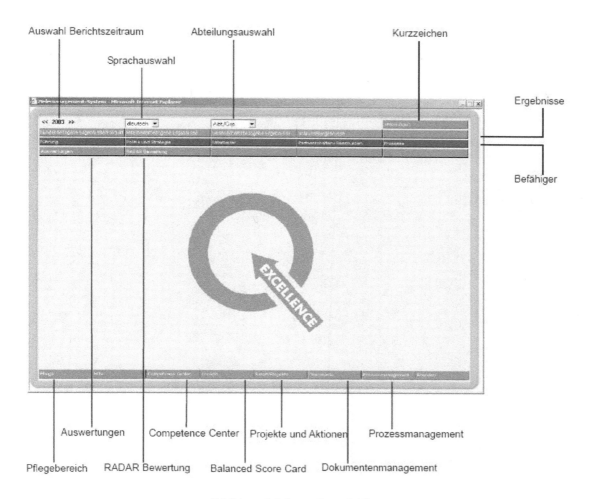

Abbildung 6: Informationsplattform

Die Ergebnisse können nach den einzelnen Ergebnisarten ausgewählt werden (z.B. kunden-
bezogene Ergebnisse, gesellschaftsbezogene Ergebnisse etc.). Unter diesen Hauptgruppie-
rungen sind die einzelnen Ergebnisse der Organisationseinheiten aufgeführt. Die Daten werden monatsweise aufbereitet.

Nach Auswahl einer Ergebnisart, erhält man eine Auflistung aller Ergebnisse, welche die
vorher gewählte Abteilung zu dieser Ergebnisart definiert hat. Zudem werden zu jedem Ergebnis die Soll- und Istwerte mit Einheit und Bewertung in Form von rot, gelb oder grün (Am-
pelfarben) dargestellt. Für jedes Ergebnis lassen sich automatisch Standardcharts generie-
ren.

Score Card   Befähigerverknüpfung   Statusinformation   Jahres- und Monatscharts

   Multichart   Ergebnishierarchie   Monatsauswahl

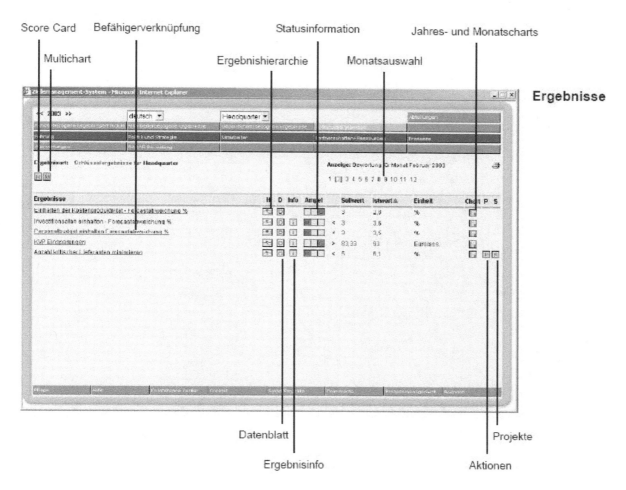

Datenblatt   Projekte

Ergebnisinfo   Aktionen

Abbildung 7: Informationsplattform – Auswertung der Ergebnisse

Ein Baumstrukturzeichen macht die Ergebnishierarchie sichtbar und zeigt über- bzw. unter-
geordnete Ergebnisse an. Durch das Anklicken wird sofort die gesamte Ergebnisstruktur
über alle verknüpften Abteilungen hinweg grafisch aufbereitet dargestellt. Somit erhält man
einen Gesamtüberblick über die Entwicklung des Ergebnisses innerhalb der Hierarchie, wobei man die Drill-Down-Tiefe frei wählen kann.

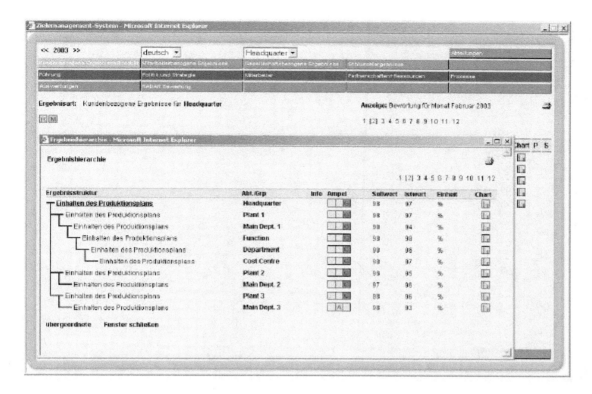

Abbildung 8: Ergebnishierarchie

5.3 Balanced Scorecard

Das praktische an einem Allround-System wie Q-Excellence ist, dass viele Kennzahlen der BSC identisch mit den Ergebnissen aus dem EFQM-System[1] sind. So können alle definierten Ergebnisse automatisch in die Balanced Scorecard übernommen werden und ein doppelter Pflegeaufwand entfällt.

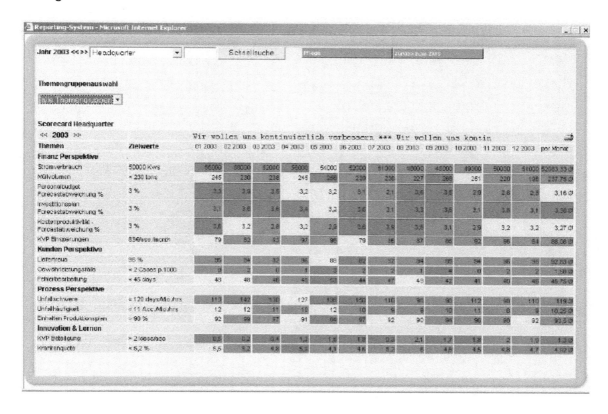

Abbildung 9: Balanced Scorecard

Die integrierte BSC bietet u.a. die folgenden Funktionen:

1. Multi-User-Fähigkeit
2. Maßnahmen können definiert und deren Umsetzung kann mittels Aktionskarten verfolgt werden
3. Als Zeiteinheiten stehen Jahr, Halbjahr, Quartal, Monat und Woche zur Verfügung
4. Drill Down Funktionalität für Organisationseinheit, Kennzahl und Zeit
5. Chart Generator
6. MS Excel Export

---

1 Das EFQM-System ist ein Unternehmensmodell, dass eine ganzheitliche Sicht auf Organisationen ermöglichen soll. Es dient der Koordination und dem Management von Zielen Mit Q-Excellence ist es möglich, bezogen auf die einzelnen Organisationseinheiten, Ziele zu erfassen, anzuzeigen und auszuwerten. Alle Daten können individuell eingegeben, zugeordnet, hierarchisch aufgebaut und verglichen werden.

6. Fazit & Ausblick

Die Balanced Scorecard ist heute eines der populärsten Instrumente für Strategieentwicklung und effektives Controlling. Mit ihr ist es möglich, die Perspektiven eines Unternehmens klar zu definieren. Um die vier Perspektiven mit Leben zu füllen, sind große Mengen Daten notwendig, die meist in Rohform vorliegen und erst aufbereitet und normiert werden müssen. In einem Data Warehouse liegen viele der benötigten Daten bereits in der gewünschten Qualität vor, so dass eine Kombination aus BSC und Data Warehouse praktisch vorgegeben ist. Im DWH sind alle für die BSC benötigten Funktionalitäten wie z.B. Drill Down schon vorhanden, so das eine Integration keine Schwierigkeiten aufweist. Für das Management ergibt sich daraus die Möglichkeit, alle unternehmensrelevanten Daten auf einen Blick zu erhalten ohne zwischen verschiedenen Programmen hin und her springen zu müssen.

Wichtig ist bei der Auswahl von BSC-Software auf die Benutzerfreundlichkeit besonderen Wert zu legen, damit das „neue Konzept" von den Anwendern akzeptiert wird und eine regelmäßige Benutzung stattfindet. Eine BSC-Lösung ist weitaus mehr als die Darstellung der Unternehmungsleistung für einige wenige Führungskräfte. Sie trägt einen großen Anteil daran, dass die Vision und Strategie im gesamten Unternehmen „gelebt" wird. Außerdem trägt sie dazu bei die Entscheidungsfindung zu dezentralisieren. Es wird möglich Schwächen im Unternehmen frühzeitig zu erkennen und Gegenmaßnahmen an der richtigen Stelle einzuleiten.

Durch das DWH werden der Informationsprozess und der Datenzugriff stark vereinfacht. Entscheidend ist, dass Informationen sehr leicht in mehr oder weniger verdichteter Form abgerufen werden können und das gesamte Wissen des Unternehmens in Bezug zu den einzelnen Funktionsbereichen gesetzt werden können. Jedem Mitarbeiter wird so ein einheitlicher und konsistenter Zugriff auf Informationen ermöglicht.

Abbildungsverzeichnis

Literaturverzeichnis

[Basch01]
>   Baschin, A.: Die Balanced Scorecard für ihren Informationstechnologie-
>   Bereich. Campus, Frankfurt 2001.

[BaSe97]
>   Baumann, S.; Semen, B.: Anforderungen an ein Management   Unterstüt-
>   zungssystem. In: Dorn, B. (Hrsg.): Das informierte Management. Springer,
>   Berlin 1997.

[BeBe01]
>   Bernhard, M.G.; von Below, C.: Report balanced scorecard: Strategien umset-
>   zen, Prozesse steuern, Kennzahlensysteme entwickeln. Symposion, Düsseldorf
>   2001.

[BlPi03]
>   Blauszun, M.; Pielniok, R.: Software unterstützt Balanced Scorecard-Prozess.
>   In: CONTROLLER MAGAZIN 28 (2003) 2.

[Cogn06]
>   http://www.cognos1.de/app/137/press.select.jsp?pressId=129, 2003-01-16,
>   Abruf am 2006-04-12.

[Delp06]
>   Delphi Software West GmbH: Balanced Scorecard und WebIntelligence – ein
>   Prototyp von Delphi, http://www.delphi.at/Portal/ Attachments/ Stan-
>   dard/BSC%20Prototyp%20V3.doc, Abruf am 2006-04-21.

[EnOt03]
>   Enzinger, M.; Ott, F.: Balanced Scorecard: Die zehn Gebote für
>   die Auswahl der richtigen Software. In: Controller News (2003) 6.

[Frie05]

> *Friedag, H.R.:* Die Balanced Scorecard als ein universelles Managementinstrument. In: *Grasshoff, J.(Hrsg.):* Schriftreihe *Rostocker Beiträge zu Controlling und Rechnungswesen.* Dr. Kovac, Rostock 2005.

[FrSc01]

> *Friedag, H.; Schmidt, W.:* e-Controlling – Auswirkungen des Electronic Business auf den Controller-Service. Haufe, Wiesbaden 2001.

[FuRo00]

> Funke, T.; Rosemann, S.: Ein Referenzmodell für die IT-Implementierung einer Balanced Scorecard. In: Kostenrechnungspraxis 44 (2000) 2.

[Stei01]

> *Stein, B.:* Konzeption einer Data Warehouse-gestützten Balanced Scorecard in der öffentlichen Verwaltung. in *Behme, W.; Muksch, H. (Hrsg.):* Data Warehouse gestützte Anwendungen. Gabler, Wiesbaden 2001.

[Reic01]

> *Reichmann, T.:* Controlling mit Kennzahlen und Managementberichten: Grundlagen einer systemgestützten Controlling-Konzeption. Vahlen, München 2001.

[Less03]

> *Leßweng, H.:* Einsatz der Internet-Technologie im betrieblichen Berichtswesen: eine prozessbezogene Analyse unter besonderer Berücksichtigung der Empfängerorientierung. Eul Josef, Lohmar 2003.

[Lust99]

> Lusti, M.: Data Warehouse und Data Mining, eine Einführung in entscheidungsunterstützende Systeme. Springer, Berlin 1999.

[MuBe00]

> *Muksch, H.; Behme, W (Hrsg.).:* Das Data Warhouse-Konzept, Architektur – Datenmodelle – Anwendungen. Gabler, Wiesbaden 2000

[Müsc00]

> *Müschenborn, H.:* Datenhaltung im Unternehmen - Vom Big Bang zum Data Mart - Umstrukturierte und verteilte Daten nutzen. In: Client Server Computing (2000) 6.

[Hild01]

> *Hildebrand, K.:* Business Intelligence, HMD Praxis der Wirtschaftsinformatik. dpunkt, Heidelberg 2001.

[Hype06]

> Hyperspace GmbH: Einführung in die Balanced Scorecard. http://www.hyperspace.de/downloads/Einfuehrg_BSC.pdf, Abruf am 2006-04-21

[Jahn03]
Jahns, C.: Balanced Scorecard. SMG Publ., St. Gallen 2003.

[Jans06]
Janssen, G.: Balanced Scorecard – Bewertung. http://www.promolook.de/bsc-bewertung.htm, Abruf am 2006-04-09

[KaNo92]
Kaplan, R.S.; Norton, D.P.: The Balanced Scorecard - Measures that drive Performance. In: Harvard Business Review (1992) 72.

[KaNo97]
Kaplan, R.S.; Norton, D.P.: Balanced Scorecard, Strategien erfolgreich umsetzen. Schäffer-Poeschel, Stuttgart 1997.

[KlDö98]
Klaus, A.; Dörnemann, J.; et al..: Chancen der IT-Unterstützung bei der Balanced-Scorecard-Einführung - Unternehmensweiter Einsatz der Renaissance Balanced Scorecard powered by Gentia. In: Controlling (1998) 10.

[KiSi03]
Kipker, I.; Siekmann, A.; et al.: Nutzen, Verbreitung und Erfolgsfaktoren bei der Auswahl von Balanced Scorecard-Software. In: Betriebswirtschaf-liche Blätter (2003).

[MaNe02]
Marr, B.; Neely, A.: Balanced Scorecard Software Report. Stamford (USA) 2002.

[MiPa99]
Mirchandani, D.; Pakath, R.: Four models for a decision support system. In: I nformation & Management. 35 (1999) 1.

[Prob06]
http://www.proberater.at/content/cms/artikel/unternehmensberatung/lenz-consulting.gif, Abruf am 2006-04-04.

[Qexc06]
http://www.q-excellence.de/pdf/Q-Excellence.pdf

[UhrW94]
Uhr, W.: Ansätze zur Entwicklung 'intelligenter' Führungsunterstützungs-systeme. In: *Engelhard, J. / Rehkugler, H. (Hrsg.):* Strategien für nationale und internationale Märkte: Konzept und praktische Gestaltung. Gabler, Wiesbaden 1994.

[Well06]
Weller, A.: Die Balanced Scorecard. http://www.beratungspool.ch/artikel/mm/art_mm_bsc.pdf, Abruf am 2006-04-07.

www.ingramcontent.com/pod-product-compliance
Lightning Source LLC
LaVergne TN
LVHW082348060326
832902LV00017B/2724